运动是如何发展的

[波] 乔安娜·康恰克　卡塔日娜·皮茨卡 ◎ 著
[波] 尼考拉·库哈尔斯卡 ◎ 绘
俞　佳 ◎ 译

我叫玛丽娅，是克拉拉和卡洛的奶奶。我曾经是一名田径运动员，尽管现在我喜欢烘焙、做数独，但还是定期去运动。目前我是帆船俱乐部和女子排球队的一员，空闲时我还去练习普拉提。平时，我喜欢和我的丈夫一起骑自行车远足。令我高兴的是我的孙女也是个运动迷，我非常愿意向她传授运动知识。

我是克拉拉和卡洛的爷爷。最近，克拉拉对运动产生了浓厚的兴趣，总在不停地询问各种与运动相关的问题。得益于我的妻子玛丽娅，我了解很多运动知识，有些不了解的，妻子都会补充。

我奶奶所在的排球队简直棒极了！他们赢得了很多奖项，获得了很多奖杯。

爷爷每次都带着我家的狗狗去看奶奶比赛，因为奶奶说，狗狗会给她带来好运。

乌拉女士和奶奶一起打排球，虽然她不是专业运动员，但是她的排球打得很棒。

我们自己做了横幅和海报给奶奶加油。

我是克拉拉，最近我爱上了运动，正在努力地了解体育的各种规则，这些规则看起来棒极了！我必须多了解一些体育知识，才能更多地参加。幸好爷爷、奶奶对于体育熟知于心，可以告诉我很多。

我是卡洛，我很喜欢运动，我最喜欢和克拉拉一起踢足qiú、打羽毛qiú。

海伦娜女士年轻时是一名艺术体操运动员，她的彩带舞得非常好。现在，她在我们社区中心教授瑜伽，还和奶奶一起参加了女子排球队。

中国轻工业出版社

当我们运动时，会发生什么呢

由于身体各部位协调工作，我们才可以活动。骨骼、肌肉和关节让我们可以行走、跑步和跳跃。心脏是血液循环的动力泵，通过循环系统将人体所必需的氧气和营养输送到全身各处。

运动可以增强肌肉，消耗脂肪，有助于我们保持体重和身材。在运动过程中，大脑的供血量会增加，这有利于神经细胞的代谢，可以促进孩子大脑的发育。

运动时会产生热量，这就是为什么我们在锻炼的时候会出汗、脸会发红的原因。出汗有助于让发热的身体凉下来，大量出汗后可能会脱水，所以补充水分很重要。足球运动员在比赛时甚至可以喝3升水。

在我行时，奶奶总是会塞给我一瓶水，不过我从来没有嫌奶奶"多事"，因为我知道运动时补充水分是十分必要的。

肌肉是有弹性的，锻炼可以拉伸并增强它的力量，还可以扩大关节的活动范围。通常练习它可以通过体操或跳舞等未提升身体柔韧性。经过适当的练习后，我们甚至可以劈叉。

奶奶说，即使我现在的年龄、身体状况也不算老的，这要归功于她经常锻炼。

运动员通过特定的训练来发展身体各部位的肌肉。我们可以在健身房利用器械进行肌肉锻炼，但有些运动不适合儿童，如举重或其他剧烈项目，因为他们的身体正在生长发育，不适合过度负重。

肌肉
可以使身体运动。如果肌肉的力量强，关节（连接骨骼的器官）以及全身骨骼就能更好地工作。

当我们运动时，大脑非常活跃，这时候我们会更有活力，思考力和记忆力更强。在努力锻炼的时候，身体还会分泌让人精神愉悦的肉啡肽。

产生快乐的中枢系统

脑发红

肉啡肽

健康的精神（住在健康的身体中）

绷紧的肌肉

健美运动员在比赛中展示自己的肌肉，他们必须接受专门的肌肉训练。

因为这样，每次我骑行的时候，总是关不掉笑面。

运动可以强健骨骼，增强骨骼的负重力，运动还可以增强脊柱的稳定性，以支撑整个身体正常发展。

当妈妈还是个孩子的时候，她会去做特殊的体操，因为她的脊柱在弯曲。

人们喜欢展示自己胀给的二头肌，即手臂上方的肌肉。

4

我们的呼吸也会加快，这样会有更多的血液流向肌肉。

体能

是身体的运动能力。当我们保持规律的运动，我们的运动能力也会提升。但开始不能骑着自行车长途旅行，是随着长时间的骑行锻炼，我们觉得累的时候会越来越是。

我花了这么长时间练习骑行，很快就能超过全家人了？

我们可以从食物中获取运动所需的能量。我们需要各种营养成分，喜欢水果中的果糖。职业运动员更需要关注饮食健康开充满活力。

酸痛

我们大量运动后会觉得肌肉酸疼，这主要是运动会产生乳酸，所以这种疼被描述为酸。如运动前先热身，做好准备活动，就可减少酸疼。

- 健身调节器
- 营养成分输送中心
- 肌肉发酵机
- 乳酸
- 取之不尽的热情和动力
- 持久的耐力
- 身体排汗器

我们应该保持什么样的运动频率呢？

要控制坐在电脑和电视机前的时间。

每天至少要1小时的运动时间，如散步、遛狗、爬楼梯或走着去学校或商店。

每周至少有三次同形式的锻炼，如骑自行车、滑轮滑、打球、跳跃、奔跑、游泳或进行其他体育活动。

运动记忆

当我们学会了游泳或骑自行车，就不用在做每个动作的时候思考怎么做了，因为我们的身体知道怎么做，得益于运动记忆。

开合跳 锻炼全身各部位的肌肉，是很好的热身运动。

深蹲 加强大腿和臀部的肌肉。

不同的运动锻炼不同部位的肌肉

腹部运动 加强腹部肌肉。

前屈式 加强背部肌肉。

举杠铃 加强手臂和背部的肌肉。

5

夏季水上运动

在炎热的天气里,大家都喜欢在水上度过休闲时光。能够在湖中或海上进行的运动非常多,其中不少运动需要掌握一定的技能、准备合适的装备。在水中,我们要牢记安全。

帆板运动完美地将冲浪与航行结合起来,但它并不需要海浪,只要有风就好。它是奥运会项目之一。

在学习游泳之前,我们先了解泳姿:

> 我在蛙泳,卡洛是狗刨式,虽说不是专业的泳姿,但我们游起来都很自然、舒服。

传统泳姿(蛙泳)

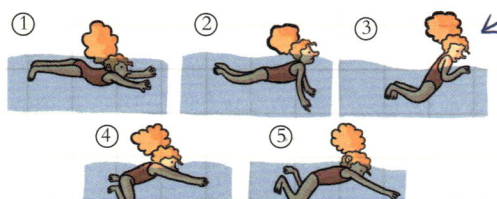

自由泳

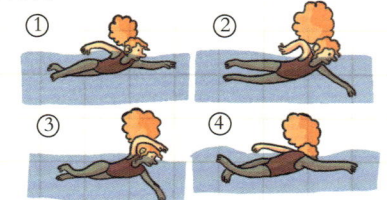

仰泳

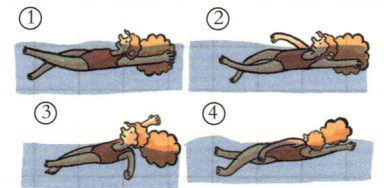

蝶泳(海豚泳)

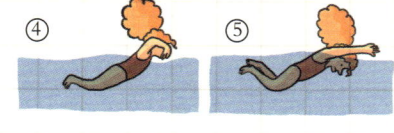

游泳作为竞技运动,它是1896年首届奥运会举办以来就有的比赛项目之一(1912年设立女子游泳项目)。最快的游泳速度,可以达到每小时10千米。

白鲨的游动速度是每小时40千米。

— 禁止在不明水域跳水。
— 在悬浮垫上可不能游得太远。
— 要遵守救生员和安全员的指令。
— 在阳光下热热身,逐渐适应水的温度。
— 只能在指定的区域游泳。

皮划艇有不同的种类,如:

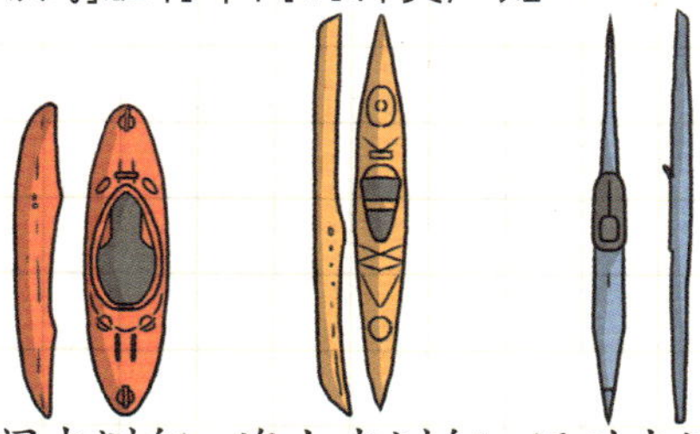

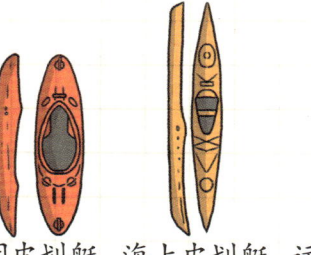

休闲皮划艇　海上皮划艇　运动皮划艇

皮划艇分为单人皮划艇和双人皮划艇,它的桨由桨杆和桨叶组成。

羽形装叶,看起来并不像羽毛,桨叶的面积足以帮助皮划艇在水中滑动。

风筝冲浪是由风力驱动的风筝带动滑板在水上滑行的运动。

明年我想学冲浪滑板。

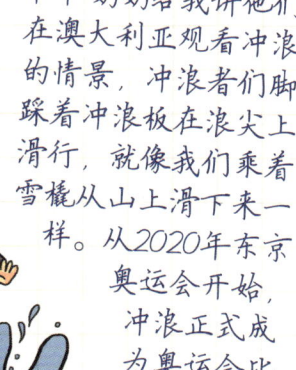

爷爷奶奶给我讲他们在澳大利亚观看冲浪的情景,冲浪者们脚踩着冲浪板在浪尖上滑行,就像我们乘着雪橇从山上滑下来一样。从2020年东京奥运会开始,冲浪正式成为奥运会比赛项目。

如果你对海底世界感兴趣，最好的运动莫过于潜水。想要潜得深，需要参加专门的培训，还要配备专业的设备。就像在高山上会有高原反应一样，我们的身体在太深的水下也不能适应。

奶奶有个朋友是自由潜水员，他可以不携带氧气瓶等设备，只通过自身调节腹式呼吸屏气尽可能往深潜。自由潜水员的最高潜水记录是水下214米。没有经过专业训练，千万不要尝试啊！

在游泳池中举办的竞技项目有水球、花样游泳、跳水等。

还没学会游泳时，可以使用游泳圈和浮板。

奶奶和朋友们参加帆船比赛

帆船有不同的尺寸和类型。有的单人就能驾驶，有的则需要团队合作驾驶。还可以驾驶帆船环游世界，很多人甚至独自完成了这一壮举。

对于古代人穿什么游泳并没有太多记载，据推测古代人可能是裸泳的（虽然传说罗马军团必须能够穿着盔甲游泳）。以前的沙滩装和现在的可不相同，因为大秀身材在当时是不符合社会习俗的。

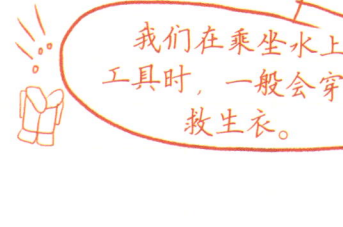

我们在乘坐水上工具时，一般会穿上救生衣。

赛艇运动员和皮划艇运动员主要靠划水前进。

曾经的沙滩装样式。

潜水员和冲浪员穿的潜水服。

我们的家庭赛艇比赛

赛艇有单人、双人、四人、八人项目，八人赛艇有时还增加一名舵手。赛艇选手在划行时是背对着前进方向的，只有舵手是面对前进方向的。

1928年阿姆斯特丹奥运会期间，赛艇选手亨利皮尔斯在比赛途中停下，礼让一群鸭子从他赛艇前游过，即使是这样，他依然赢得了比赛。

现代职业游泳运动员的泳衣都是精心设计的，能最大程度减少水的阻力，因为在职业比赛中每一秒都至关重要。

冬季运动

I. 冰鞋上的运动

花样冰刀的刀刃长而宽，前面带齿，花样冰鞋重量大，鞋帮高，鞋身由真皮制成。

冰球冰刀的刀刃短而窄，更利于急速转弯。穿着它更容易学习如何在冰上行走。

速滑冰刀是用于快速滑行的冰鞋。它们鞋帮短、分量轻，脚踝部分没有加固。

冰球

这项运动起源于19世纪，是驻守在加拿大的英国士兵发明的，当时由于严寒他们无法进行训练，但发现冻住的湖面是绝佳的运动场地。也有研究表明，冰球运动是加拿大原住民率先开展的，而后在移民和英国驻军中流传开来。无论传说怎样，加拿大都是冰球运动的发源地。现在冰球运动都是在人造冰场进行的。

冰球比赛分三局进行，每局由20分钟净时间和两个15分钟的局间休息组成。两支球队需要努力用冰球棒将黑色的橡胶冰球击打入门，获得分数。冰球比赛与足球比赛相似，也有罚点球、越位等，对于不当行为，如脱离冰面等，也会有相应的处罚。

裁判在赛场上维持秩序，他的服装与运动员不同，很容易辨认。

国家冰球联盟（NHL）是一个由北美冰球队组成的职业运动联盟。是世界高层级的职业冰球比赛。

现在的冰球是这样的，但是奶奶告诉我，在很久很久以前，冰球是由冻住的牛粪做成的。

每队共有22名队员，比赛上场时不得超过6人。

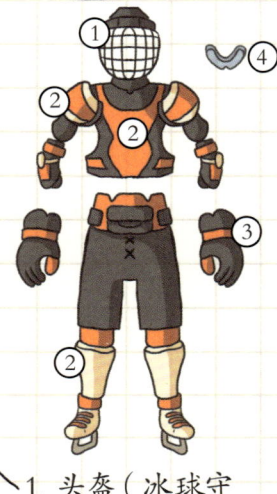

1. 头盔（冰球守门员戴的面具）
2. 护具
3. 手套
4. 护齿

花样滑冰

花样滑冰将舞蹈、芭蕾、艺术体操与滑冰结合起来，是一项观赏性极高的运动项目。花样滑冰的服装不像运动服，更像是舞台演出服。它的比赛项目有单人滑、双人滑和冰上舞蹈等。

我已经学会旋转了，但是跳跃对我来说有点难。

海伦娜女士和斯塔先生在表演花样滑冰

速滑

参加速滑比赛的运动员在不同的赛道上你追我赶，激烈拼搏，速度甚至能达到每小时60千米。

奶奶告诉我，速滑运动员必须在比赛前自己打磨冰刀，赛道上的冰是由特殊的水制成的，冰刀如果没打磨好，会影响滑行的速度。

这是速滑比赛，能够滑那么快，感觉一定很棒。

2. 滑雪

借助滑雪板在雪上滑行有4000多年的历史了（很多考古挖掘和岩画都证明了这一点）。在中世纪，滑雪板首先被猎人使用，而后军队也开始使用。19世纪中叶，高山休闲滑雪开始流行。

最初的滑雪板比较简陋，由两个长条板子和绑绳组成，可以帮助人们在雪中行走。随着滑雪技术和装备的进步，不同的滑雪项目会用到不同的滑雪板。

专业滑雪运动员需要参加各种职业比赛，当然，滑雪也可以是一种休闲活动。越野滑雪学起来还是比较容易的，它的滑雪板比山地滑雪板更长更窄。

滑雪服是由透气且不吸水的材料制成的，防寒、轻便、舒适。头盔和护目镜也有标准要求。套头衫套装必须符合不同的监管要求，如厚度约为5毫米。

我已经能平行滑行了，卡洛刚学会犁式滑行。

阿尔卑斯山滑雪

2017年，在意大利的一场赛事中，一名波兰选手的滑板松了，但他尽力完成了第二赛程。

阿尔卑斯山滑雪场在阿尔卑斯山脉国家（奥地利、法国、瑞士等）十分著名。在这里，运动员们拼搏争取最佳成绩，比赛项目包括回转、滑降和组合式，比赛时滑行技术十分重要。高山滑雪是冬季度假最受欢迎的项目之一。

滑雪技能

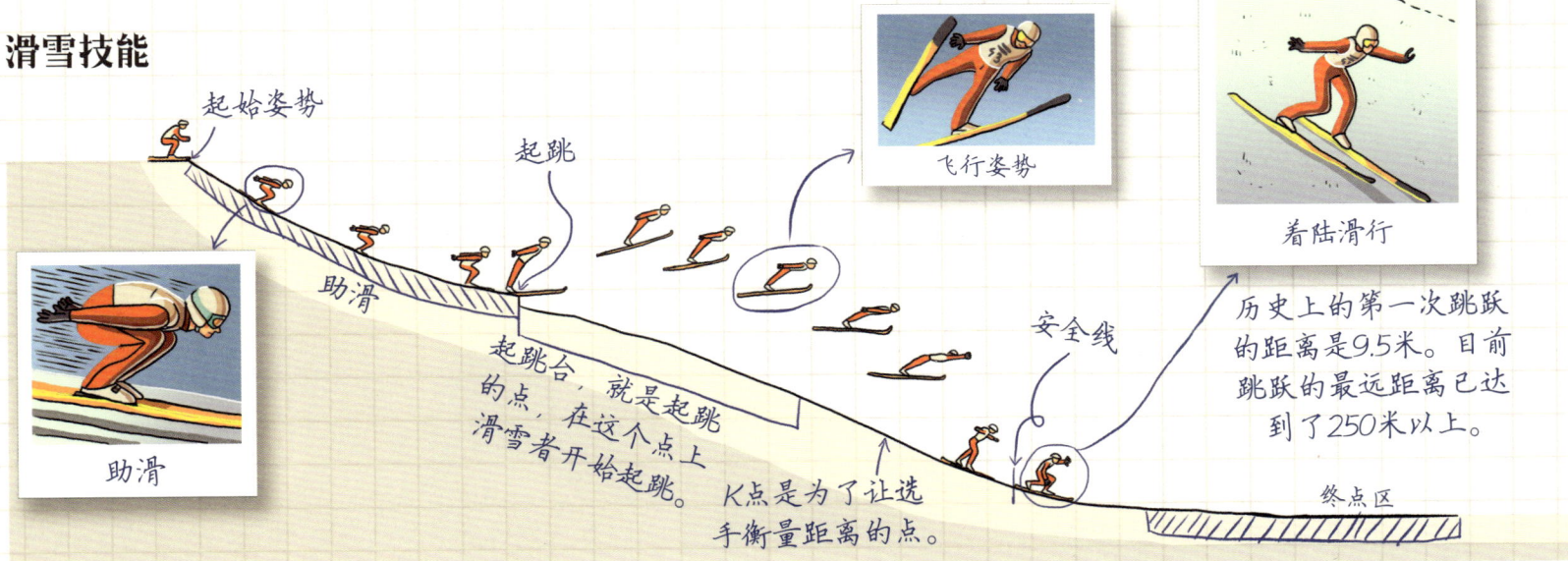

跳台滑雪是一项观赏性竞技项目，以前的选手在跳跃时身体是竖直的，待两个滑雪板调整至平行，他们会挥动双臂以延长飞行时间。现在的选手跳跃时身体前倾、手臂与背平齐，滑雪板调成V型。对选手的评分主要根据跳跃距离、技术和着陆等，计分时还会考虑天气条件、起跳和结束的位置等。

练习跳台滑雪前要先练空跳，就是在跳跃垫上或者在教练辅助下练习，之后才会开始实战练习。

古代奥林匹克运动会

古希腊文化对世界有深远的影响，体育活动的影响尤为深远。在古希腊各种节日，甚至是葬礼时，都会举办隆重的体育盛会，也就是体育竞赛。

那时，全希腊最隆重的体育赛事莫过于在奥林匹亚举行的运动会。第一届有记载的奥林匹克运动会是在公元前776年举办的。

当时的希腊不是一个统一的国家，而是由若干城邦组成的联邦。

奥林匹亚是古代希腊的宗教圣地，大量的朝圣者聚集到这里，组织运动会是为了向众神表示敬意。

奥运会每4年举办一次，举办日期是通过天文观测来决定的，一般是在夏至后的第一个满月来举办。在奥运会期间需要执行"奥林匹克休战"，这并不意味着战争停止了，而是临时休战，允许运动员去参加比赛、观众前往观看，同时保证他们参赛安全和旅途安全。

最初，运动会只举办一天，但随着竞赛项目的增多，需要更多的时间安排这些项目。比赛期间，并不是每天都是运动员之间的角逐，还会举行宗教仪式和裁判员、运动员的宣誓活动，最后还有参与者和志愿者的颁奖典礼。

我们通常说的奥林匹克运动会，是每4年举办一次的持续性的体育竞赛。

最初，所有希腊男性自由公民，不论其出身或社会地位如何，都可以作为运动员参加奥林匹克运动会。女性是不允许参加的。

奶奶说，历史上有女子奥运会，被称为赫拉运动会。大多数奥林匹克运动会禁止女性参加，甚至禁止观看。

古代的体育场馆是长方形的，功能和外观随着时间的变迁而改变，如增加了观众席。曾经，奥林匹克场馆可以容纳45000名观众。

在运动会上，会有手持大棒的执法员，负责惩罚不诚实的运动员和不遵守规则的观众。现在也有维持秩序的执法员。

花瓶上的古希腊运动员都是赤身裸体的，但是我们并不知道艺术反映现实的程度有多大。历史学家一直在争论，运动员穿不穿缠腰布，或者是从何时开始穿的问题。

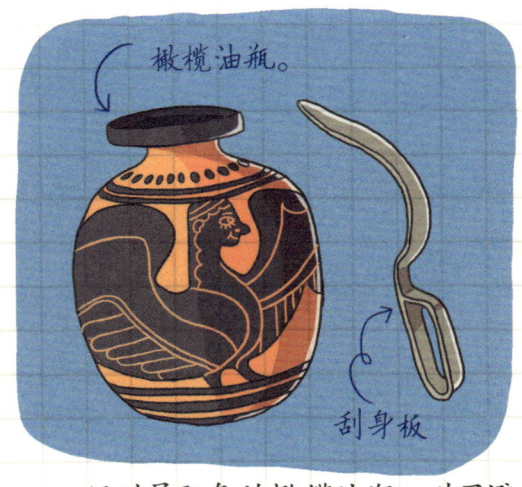

运动员们为了赢得比赛，会做出各种他们认为能给对手造成伤害的"法术"，如在特殊的板子上写上咒语。保存至今的一块板子是公元3世纪的，上面写着：让尤迪克斯冻感冒吧，这样他在比赛时就没有力气了。

运动员配备的橄榄油瓶。为了避免擦伤或被太阳晒伤，运动员需要往身上涂抹橄榄油。为了抓住对手，摔跤运动员会在手上抹沙子。刮身板是一种刮刀，主要用于比赛后清理沙子和灰尘。

一般运动会的获胜者会被授予月桂枝或香桃木枝编制的花环，但奥林匹克运动会的获胜者被授予的是橄榄枝花环。获胜主要是一种荣誉，但是在运动会后，获胜者会获得经济收益和名望。

奥林匹克运动会项目知多少

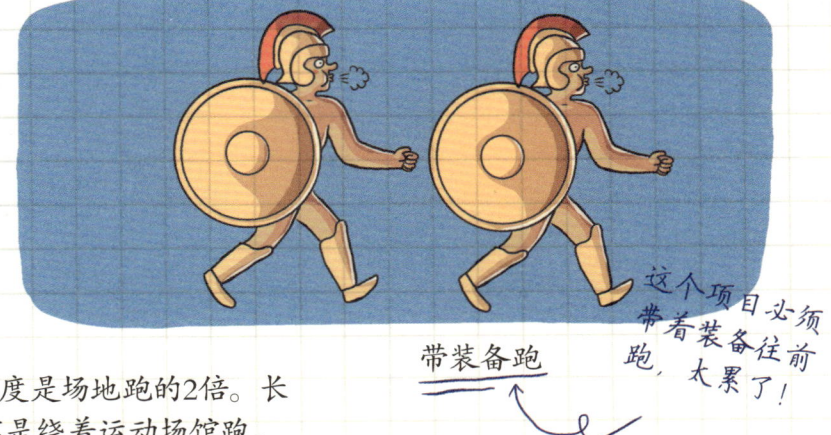

场地跑是最短距离的赛跑，长约200米。中距离跑的长度是场地跑的2倍。长距离跑的长度约是场地跑的24倍。古代人跑步是折返跑，不是绕着运动场馆跑。

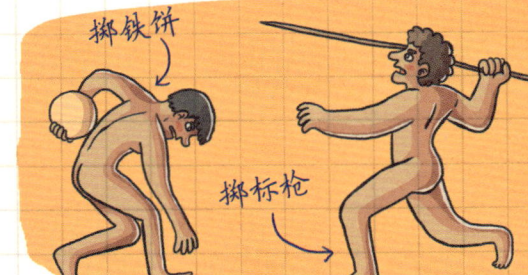

古代五项全能比赛：掷铁饼，掷标枪，带哑铃跳远，跑步，摔跤。

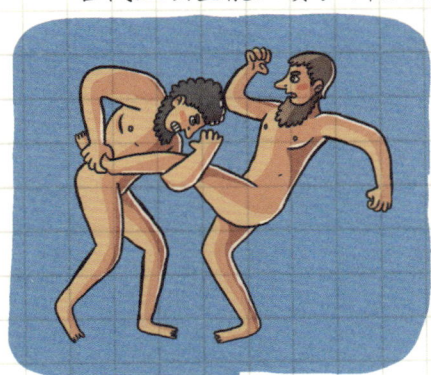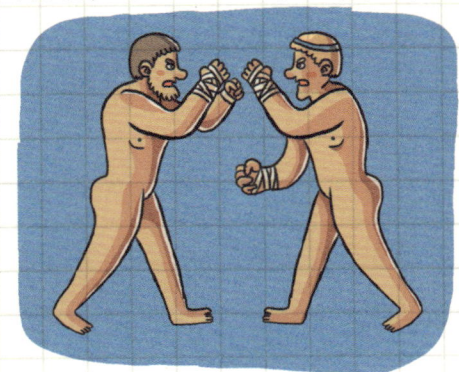

古希腊式搏击，是一种摔跤比赛，在比赛过程中允许使用所有角力手段，如拳击、踢腿、锁喉、折指等，但不允许使用武器。

拳击是一种比古希腊式搏击规则更严格的搏斗。

战车比赛往往在体育场馆外进行，它的场面壮观，是一种贵族比赛，一般需要更大更宽阔的竞技场地。胜出的马匹或战车的所有者为获胜者，因此，获胜者也可能是女性。

现代奥林匹克运动会

皮埃尔·德·顾拜旦

现代奥运会的发起人是法国的皮埃尔·德·顾拜旦。在他的努力与推动下，1894年成立了国际奥委会，确定了每4年举办一次奥运会。奥运精神是理解、友谊、团结、公平竞争。顾拜旦认为奥运会将有助于加强各国运动员之间的友谊并且促进和平。

公平竞争是奥运会的首要精神，要求在比赛中诚实、不弄虚作假。每一名参赛者都要庄严宣誓，保证遵守奥运会规则。

奥运会期间，在主体育会场燃烧的火焰是奥林匹克圣火。圣火通常是开幕前几个月在奥运会发源地奥林匹亚点燃，以火炬接力的形式传递，在奥运会开幕式前一天到达主办城市。在开幕式举行时由一人手持火炬，点燃主体育场的"奥林匹克圣火"。能够参与火炬传递是一种荣誉。在火炬接力途中，如遇高山峻岭、江河湖海，可以用飞机、轮船运送。

洛杉矶 1984年　汉城（首尔）1988年　阿尔贝维尔 1992年
都灵 2006年　索契 2014年

奥运会在世界各国轮流举办。每一届奥运会都有自己的主题歌和吉祥物，吉祥物通常是具有主办国特色的动物。

第一届现代奥运会是1896年在雅典举办的，当时不允许女性运动员参加。1900年的第二届巴黎奥运会，部分项目开始允许女性运动员参加。此后，越来越多的项目允许女性参加，但同时也涌现出各种反对声音。直至不久前，女性才被允许在奥运会上争夺拳击（2012年）和举重（2000年）的奖牌。

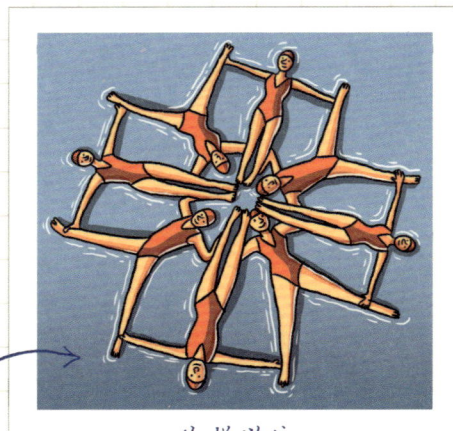

花样游泳

1984年，花样游泳成为奥运会正式比赛项目。

运动员参与奥运会各项目的比赛，每个大项又分成若干小项，例如，田径被分为以下小项：跳远、跳高、撑竿跳、竞走、不同距离的赛跑、跨栏跑或跨障碍物跑、掷铅球、标枪、铁饼等。

1924年首次举办了冬季奥运会。现代奥运会与古代奥运会一样，都是每4年举办一次。从1994年开始，夏季奥运会与冬季奥运会不再在同一年举办，冬季奥运会在夏季奥运会闭幕两年后举办。

冰壶是冬季奥运会的一项运动

现代奥运会最初只有几十个小项，现在增加到上百项。

大多数项目男、女分开比赛，但也有像马术这样的特殊项目是男女混合比赛。现在男女混合项目越来越多，如网球、乒乓球、羽毛球、帆船等混双比赛。

网球混双

奥运会的比赛项目是变化的，有一部分大项和小项取消了，但又增加了新的项目。

奶奶说，在奥运会上曾经有个项目叫水中漂流，也就是在水中自由漂移。我绝对有机会赢得这个比赛。被取消的还有雪上芭蕾和单手举重等。

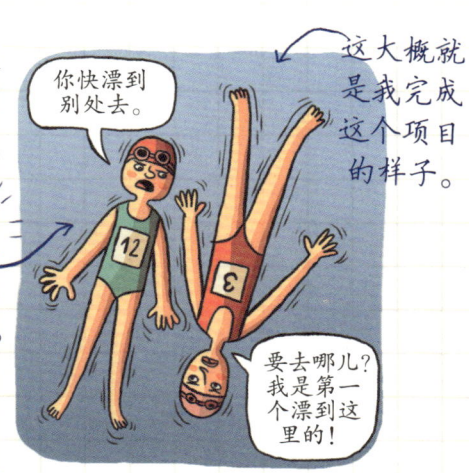

有舵雪橇

我们总是全家一同观看冬季奥运会，我最喜欢看有舵雪橇和冰壶。奶奶总是为越野滑雪加油助威，爷爷则喜欢看北欧两项（滑雪），它由跳台滑雪和越野滑雪组成项目。

冬季两项

北欧两项

女子马拉松

马拉松赛是一项长跑比赛项目，全长42.195千米。尽管这个项目在古代就有了，但它当时并不是奥运会的比赛项目。马拉松来源于一个古老的传说：在希波战争中，一名信使为了传递胜利的消息，带伤从马拉松镇跑到了雅典，最后精疲力尽而死。为了纪念这名信使，在第一届现代奥运会增加了马拉松项目。

尽管从马拉松镇到雅典的距离是30多千米，但马拉松的全程距离被四舍五入到40千米，从1908年起，又被延长至42.195千米。据说这项规定源于英国王室的特殊要求，在1908年伦敦奥运会上，马拉松赛的终点要延伸到女王的包厢，赛程延长了2千米，传统就此保存下来。

古代奥运会有五项全能，现代奥运会上也有五项全能，分别是射击、击剑、游泳、马术和越野跑。

直到1980年的奥运会，还有一场轻量级的五项全能比赛，而后它被女子七项全能和男子十项全能取代。

奥运领奖台

现代奥运会不再授予获胜者桂冠，而是授予奖牌，分别是金牌、银牌、铜牌。

残疾人奥运会

为残疾运动员（如肢体残缺者、盲人等）单独举办的运动会叫残奥会。第一届夏季残奥会是在1960年举办的，冬季残奥会则是在1976年举办的。

硬地滚球

我们会在奥运会上看到硬地滚球比赛。这个项目的规则非常简单，即使残疾非常严重的人都能参与其中，它是在意大利棍球游戏的基础上发展而来的。

激情运动

没有球迷就没有球类运动，观看球赛是一件激动人心的事情。受欢迎的球类运动除了我们熟知的足球、篮球、排球外，还有板球，板球的球迷有20多亿。板球在印度、巴基斯坦是全民性的运动，顶级运动员会受到全国民众的追捧，这项运动在英国、奥地利、新西兰、南非、孟加拉和斯里兰卡也很流行。

板球

板球比赛的规则看起来很复杂，但是经常看比赛的人却烂熟于心。比赛分为测试赛、一日赛、T20赛、六人赛等，每种形式的时长、赛程和规则也各不相同。

在国际性T20赛和国际性一日赛中，两队选手穿不同颜色的服装。在测试赛中，所有的队员都穿白色服装。

防守队员

投球手：投球。

球道：一条特殊的赛道，长度大约22米。

三柱门：一种球门。

裁判

板球队每队通常有11名球员。

比赛时两队参加，一队攻击，一队防守，攻方球员每次只派两人上场，守方则全部上场。

后捕手：尽最大努力淘汰击球手，或者努力阻止球越过后边界。

持击球板的击球手不仅要击中球，同时也要确保自己的球门不被击穿。

红色的球是用在测试赛中的（国际性T20赛和国际性一日赛用白色的球）。球由软橡木制成，外面包裹着皮革，又重又硬。

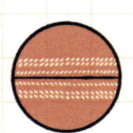

投球手动作分解

球

防守方同时开始追球

防守队员

击球手开始奔跑

板球的得分叫作"跑"，来源于英文单词run，击球手在击球后设法完成"跑"得分，每在两个柱门之间"跑"一次得1分。如果击球手击出的球到达场边，得4分；如果球击出界外，得6分。

如果比赛中攻击方得分，防守方就会全力地阻止对方取得成绩，这个时候所有的球员都会上场。投球手负责投球，有时会把球扔得飞快，有时则会把球扔高，使球的速度和路径难以捉摸。

有时会出现球飞离球场的情况！观众必须时刻保持警觉，防止被球击中。

防守队员飞身抓住球

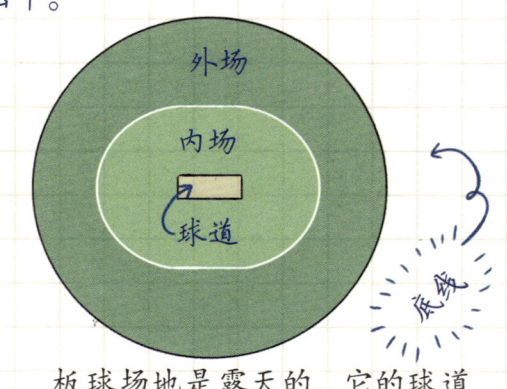

外场

内场

球道

防守方会想办法阻止击球手得分，如防止击球手跑动得分，或者把击球手打出的球接住。

非测试赛分两场，由几轮投球组成，具体取决于比赛的形式。一个投球手投出6个球为一轮。

板球场地是露天的，它的球道是一个长方形，内场是椭圆形，外场为圆形。

一旦下雨，可就不能玩了。

F1方程式

汉密尔顿和舒马赫

迈克尔·舒马赫和刘易斯·汉密尔顿是历史上顶级的车手，截至2020年他们各获得了七项大奖。

赛车是一项充满激情的运动，世界上最著名的赛车比赛是F1方程式，它是顶级的赛车比赛，参赛者也是顶尖车手。这项比赛是1950年开始举办的，运用的是单一联赛制度，比赛通常在每年的3月中开始，10月底结束。大多数赛车比赛需要在特殊赛道上举行，但是在新加坡市或在蒙特卡洛则会将城市道路变成赛道。

大奖赛的票特别贵，但也许有人可以在蒙特卡洛的公寓看到比赛。

近几年来，有10支车队参加世界大奖赛。知名的车队有奔驰、法拉利和红牛。每一队有两名运动员，参与争夺桂冠的不仅有车手，还有车辆制造商。

大奖赛通常持续几天，一般周五是运动员练习赛，周六是排位赛，周日是正赛

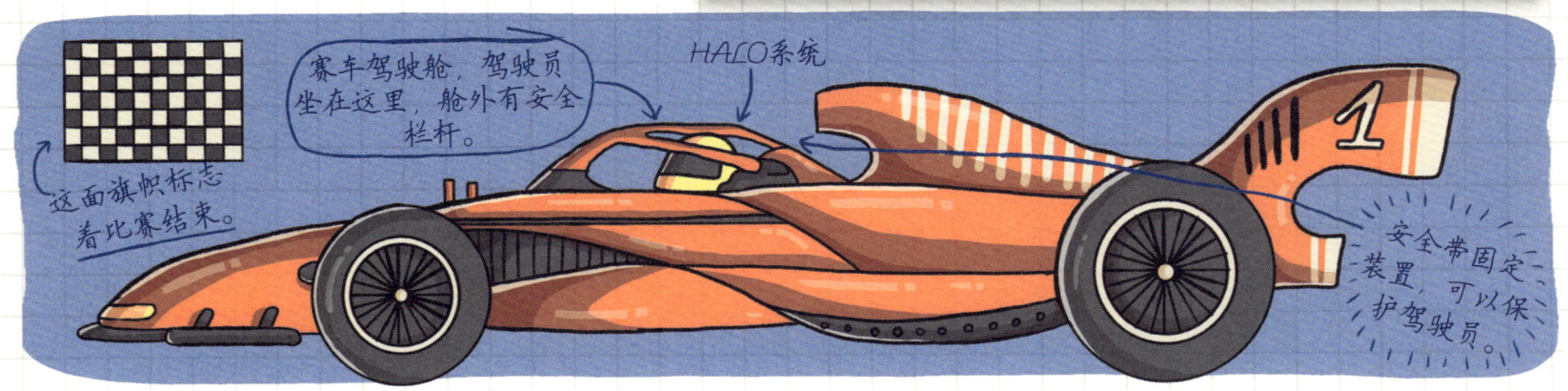

这面旗帜标志着比赛结束。

赛车驾驶舱，驾驶员坐在这里，舱外有安全栏杆。

HALO系统

安全带固定装置，可以保护驾驶员。

一级方程式赛车是由80000个零件组装而成的，非常昂贵，每辆价值将近6000万人民币。赛车时速可超过300千米，在这个速度下，司机会感受到很强的后坐力，并不是愉快的驾驶体验。方程式赛车的刹车极佳，能让飞速行驶的车辆在4秒内停止。

赛车所有的零件都有特殊的功用，例如轮胎，有的是用在干燥路面上的，有的是用在雨后湿滑路面上的。它们的硬度也不相同，这主要是根据抓地力和速度设计的。轮胎的温度在赛后甚至会达到120℃。

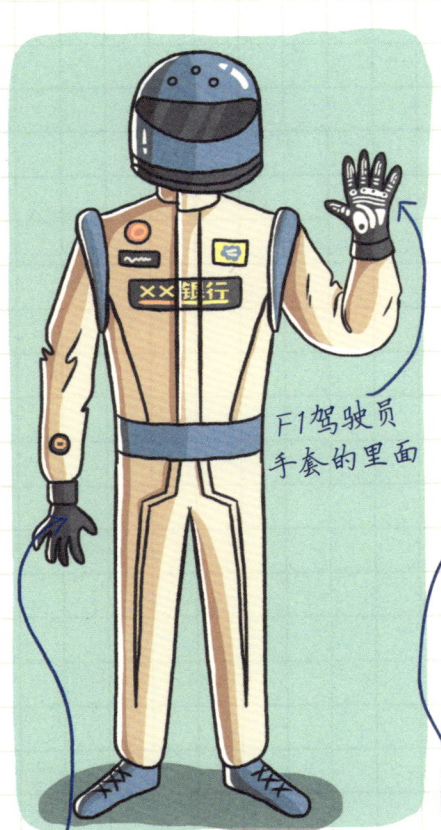

F1驾驶员手套的里面

F1驾驶员的手套是结合医学技术的新发明，可以测量心率和血氧含量，并将数据发送给团队。

赛车服和头盔都必须防火。赛车服十分轻便，还有隔热功能，因为车内的温度有时会超过50℃。头盔经过各种测试，如冲击和挤压测试。除了头盔，驾驶员头部还有新研发的HALO系统的保护，这是一种弯曲的钛合金头带，可承受12吨的压力。

HALO系统能承受两头大象的重量。

×2

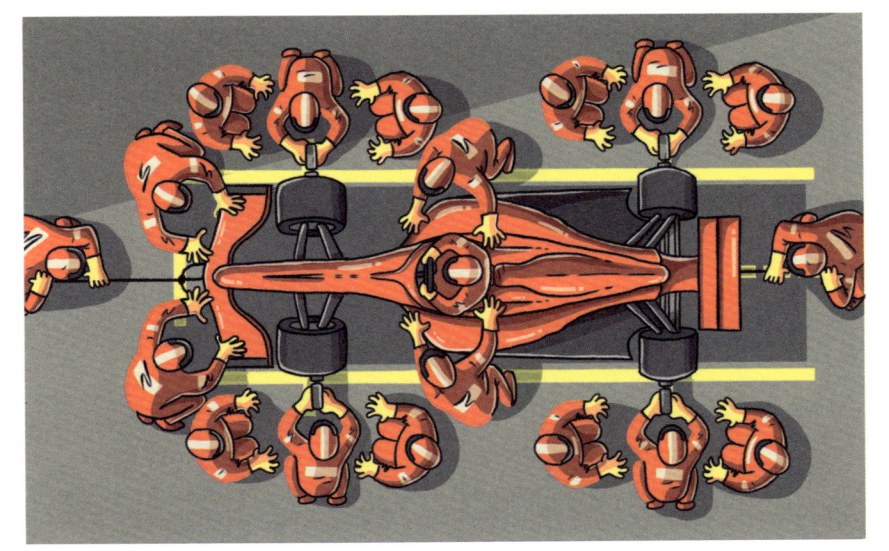

进站加油，每一位机械技师都有自己的专项工作

F1方程式将最新技术、驾驶技巧和整个后勤支撑团队紧密联系在一起。在比赛时，维修区有一支十几名机械技师组成的、训练有素的团队等待着赛车手和他的赛车，最好的技师团队可以在2秒内更换赛车轮胎。

过去因为要加油，赛车可以停留较长的时间，现在这被禁止了。

自行车运动

第一辆自行车出现在19世纪，它的外观与现代自行车有很大的区别，骑车人靠双脚用力蹬地前行。

最早的自行车是用木头制作的，没有脚踏板，看起来有点儿像现代的儿童平衡车。

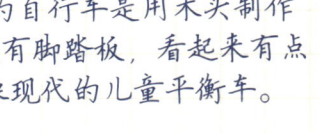

前轮带有脚踏板的自行车

带护垫的短裤

可以卡在自行车踏板上的鞋底

自行车安全

自行车骑行安全非常重要，所以我们要遵守交通规则，例如：我们要靠右侧行驶，不在人行道上骑行，不走机动车道路，不横穿马路，注意行人和狗。当我们满12岁时，就可以单独骑行了。

红色反光灯、白色反光灯（不是必要的，但是推荐安装）、头盔、白色前灯、铃铛、反光背心、红色尾灯、刹车、打气筒

自行车装备应该是透气的、防风的，在寒冷的季节还能抵御寒冷。穿带护垫的短裤，可防止肌肤被自行车鞍座磨损。

一些专业自行车的踏板有自锁装置，包括自锁脚踏和自锁鞋，骑行时鞋和脚踏可以锁在一起，这为运动员提供了更强的稳定性（脚不会意外地从踏板上滑落），更利于骑行。在运动员下自行车时，锁可以自动打开。

常见的自行车比赛

公路赛

最普遍、最常见的自行车比赛项目，常在沥青路面上举行。这项比赛是长距离的，运动员需要很强的耐力和体能。

小轮车（BMX）赛

小轮车的车胎比较宽，赛道和越野摩托车的赛道相似。这项比赛往往伴有飞跃、腾空、旋转等表演。

场地赛

是在专用场地内进行的自行车运动，它的赛场是圆形的，自行车只有单速齿轮，没有车闸。

山地赛

1996年，山地自行车越野赛列入奥运会正式比赛项目。赛道基本是崎岖不平的路段。

山地赛有：

速降赛，就是从山上高速骑下来。

爬坡赛，赛程通常在30分钟左右，比赛至少包括80%的上坡路段。爬坡时可以下车扛着自行车爬坡。

越野赛，在指定的困难较多和多变的路线上比赛，障碍物包括石头、树根和泥土，使用的是更适应困难路段的自行车。

世界上最负盛名的自行车比赛是公路自行车比赛。其中顶级赛事是法国环法自行车赛、意大利环意自行车赛和西班牙环西班牙自行车赛。

在环法自行车赛中获奖者的T恤

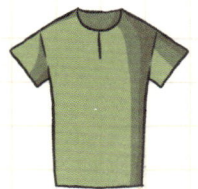
"冲刺王"的绿衫

最佳年轻车手的白衫

最佳车手（冠军）的黄色领骑衫

最佳爬坡车手的圆点衫

环法自行车赛是知名的多阶段公路自行车赛，在1903年第一次举办，共分6个赛段，分多日进行，全程2400多千米。自2020年开始，该路线由21个赛段组成，比赛23天，全长3483千米。比赛会穿过著名的城镇，也会翻山越岭，但大多数赛程是沿公路行驶，比赛总是以巴黎为终点。在每日赛事结束时，领先者可穿上黄色领骑衫，最佳冲刺者会被赠予一件绿色车衣。爬坡赛段中最佳车手会获得一件波尔卡圆点衫，作为获胜的象征。骑行衫的颜色具有重要意义。

尽管比赛只有一位获胜者，但他的成功是全队的胜利。庞大的骑行群体组成一支大部队，更容易对抗空气阻力。在成群骑行时，前面的人要承受风的"第一波冲击"，后面的人骑行会更容易。一些车手会尝试加速，以脱离大部队阻力获得优势。如果成功，他们通常会组成一个"争冠"小团体。

骑行大部队

为了对抗空气阻力，车手们穿着紧身衣服，他们的装备要尽可能轻便。

自行车手应该掌握不同的技能

这种队列叫黄蜂

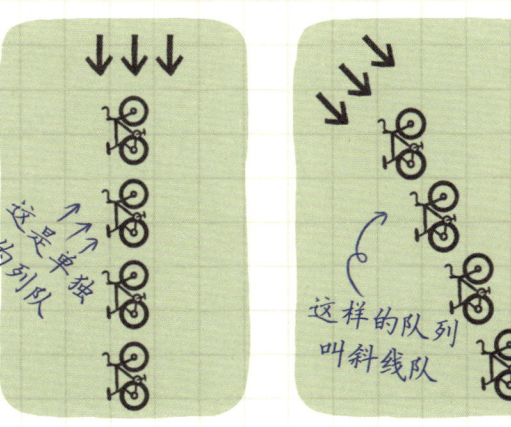
这样的队列叫斜线队

团体骑行
车手要保持精神高度集中，以避免碰撞；双手要紧握车把，以保持稳定的速度。骑行时会使用多种交流手势，例如：代替我的位置，放慢速度，轮胎漏气了。为了使每个人都能放松，小组成员会相互配合，变换位置。

但是不能靠在把手上
采取符合空气动力学的姿势

终点线冲刺
运动员在惯性的推动下加速冲刺，毫厘之间就能决定胜负。

合适的速度
开始，车手不会以自己最快的速度骑行，他们必须保存力量，否则完不成整个赛程。

能量补给
在骑行比赛途中设有食物补给站，骑行运动员可以从技术团队那里获得食物和水。能量补给很重要，因为长途骑行会消耗大量能量和水分。

补给的食物是能量棒和凝胶。它吃起来不是很美味，但可以快速提供身体所需的能量。

搏击运动

搏击运动自古以来就深受人们欢迎。搏击运动不仅仅是格斗,还应秉承武学精神,对手之间应该互相尊重,如许多搏击运动规定以对手互相鞠躬致意开始比试,以握手结束战斗。在搏击训练中,常常强调自控力和勇气,以及拳脚的重要性,它不仅能提高身体素质,还能锻炼精神意志。

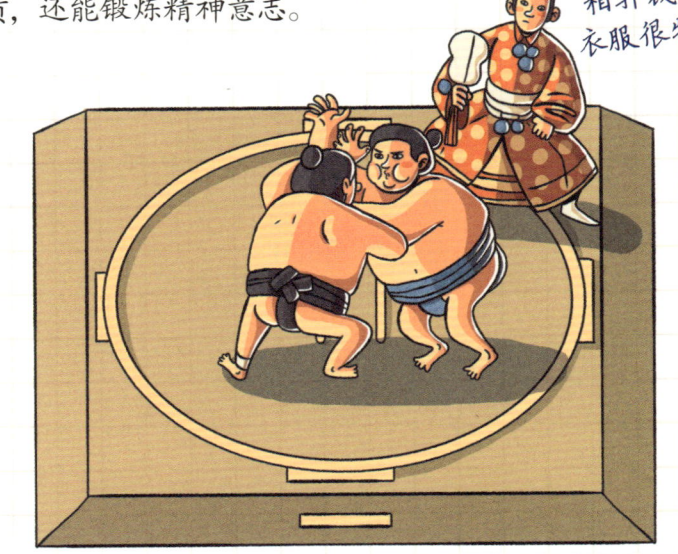

相扑裁判的衣服很特别。

柔道

练柔道用的垫子叫榻榻米。

柔道是日本人嘉纳治五郎创立的。他身材瘦弱,力道较弱,但他认为要想击败对手,不需要力量优势,而是靠出色的技能。在日语中,"柔"是温柔、敏捷,"道"是方式、方法。柔道分学者和大师级,练习者腰间缎带的颜色代表级别。空手道也采用类似的区分方式。

相扑

相扑起源于中国,自唐代传入日本后成为一项全民性运动。相扑运动员体重很大,有规定的服装和发型。在相扑比赛开始之前会举行撒盐、尘、四股、蹲踞四项仪式,这是开赛仪式,表示驱邪、祈祷之意。

剑刃

击剑投掷阶段

击剑弓步阶段

击剑

在远古时代,击剑曾是一项军事技术,用来进行生死搏斗,渐渐的,击剑发展成一项体育运动。击剑比赛又有花剑、重剑、佩剑三种项目。比赛时,击剑运动员穿戴着特殊的防护服装,一手持剑进行刺击,剑尖刺入对手的有效部位为击中,有效点击数多的一方为胜。

卡巴迪

这是一项古老的运动,源于古代西亚。比赛时,每队7名队员上场,各自站在自己的半场,进攻方派一名运动员进入对方半场,触及其中一位队员,迅速返回得分;如果被对方抓住,对方得分。它不需要任何器械,在平坦的场地就可以进行,玩法跟老鹰捉小鸡游戏有一些相似。在1990年的北京亚运会上,卡巴迪成为正式比赛项目。

当我们玩老鹰捉小鸡游戏时,看起来就像在玩卡巴迪。

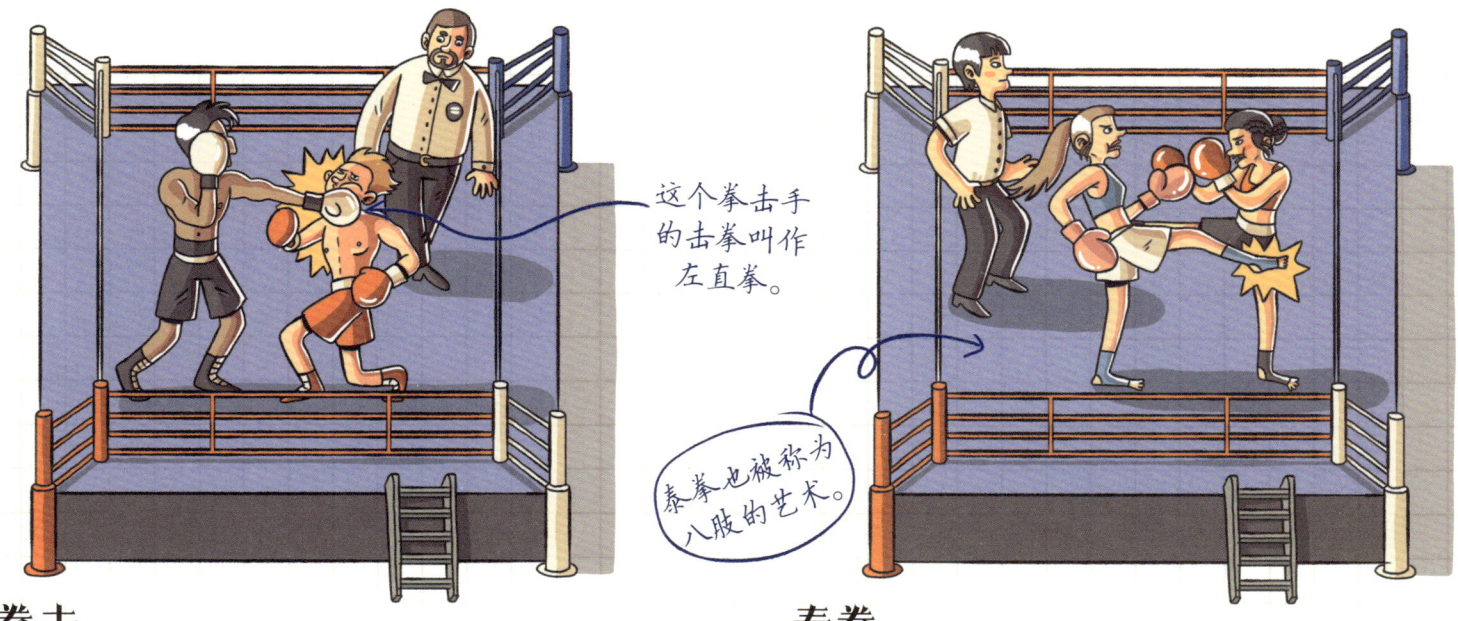

这个拳击手的击拳叫作左直拳。

泰拳也被称为八肢的艺术。

拳击

参赛者只用手（戴着手套）进行搏击，只能在腰部以上部位击打。拳击有许多重量级别，如重量级和轻量级等。

泰拳

这是一项泰国的拳术，用拳头、肘部、腿和膝盖击打对手。泰拳历史悠久，在比赛开始前必须有祈祷仪式，选手们会像祖师祈祷，以求成功。

参赛者攻击对手的头部、前臂、侧面或咽喉处。

摔跤

这是一种徒手把对手摔倒在地的竞技运动，是中国传统的体育运动项目之一。在摔跤时禁止踢、打或扯头发，但可以使用投掷和抓握的方式摔倒对方。

剑道

一种源自日本的击剑运动，是传统的竞技性器械武术。这个名字的意思是"剑之道"，参赛者用竹剑比斗，比斗中只允许对规定的某些部位进行攻击。

黑带是留给大师或冠军的。

空手道

顾名思义，它是以空手和赤足进行的搏击格斗，是由500年前的古老格斗和中国传入日本的拳法糅合而成的。空手道比赛对选手的服装要求十分严格，指甲也必须修短。

跆拳道

这是一种来自韩国的技击术。"跆"是脚，"拳"是拳头，所以它是用脚和拳的方式进行对抗的运动。跆拳道比赛不仅仅是格斗，还是固定招式的比拼，它对于动作完成的顺序有严格的规定和要求。

足球

足球在古代就开始流行了。在中国汉代（公元前202年—公元220年）就有类似足球的运动了，那时叫蹴鞠。当时的球是皮质的，里面的填充物是羽毛或毛发，最初这项运动是用来训练士兵的。类似的运动在罗马军队中也很流行，古罗马人很喜欢用球进行游戏，随着这类游戏的普及，球从罗马"踢"到了大不列颠群岛，并广受人们的喜爱。正像我们今天看到的，足球已经风靡全球。

15世纪的蹴鞠比赛。

在激烈的比赛中，有的球员会攻击对手或作弊，因此需要制定比赛规则。1863年，在英国成立了第一个足球协会，并制定了规则，规定在比赛中不能踢对手的腿部，还规定了足球的尺寸。随着运动的发展，又陆续确定了比赛的时间是90分钟，每45分钟换场，裁判在比赛中使用哨子等规则。

我和队员们在比赛中

曾经，人们认为足球是男孩子的运动，直到1991年才举办了第一届女子足球世界杯比赛。我和奶奶认为，女子足球并没有像男子足球那样被公众重视，女子足球队员也没有男子足球队员的酬劳多！

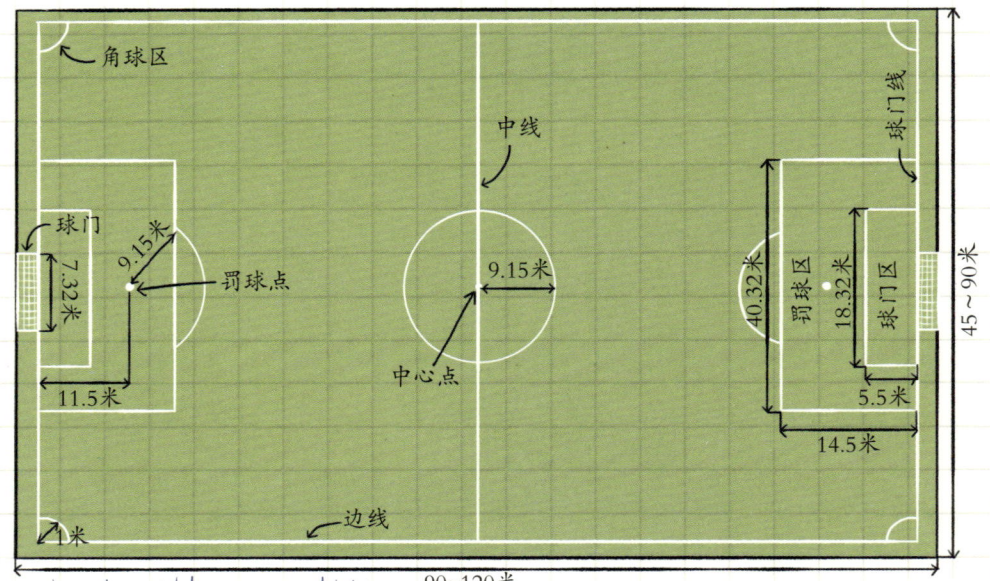

我在苏黎世国际足联世界足球博物馆前

随后，其他国家也成立了地区性的足球协会，同时国际性比赛也逐渐开始。为了确定统一的规则，1904年在巴黎建立了国际足球联合会，以促进足球运动的发展。国际足联组织足球世界锦标赛，也就是世界杯。第一届足球世界杯是1930年在乌拉圭举办的，从此，世界足球锦标赛像奥运会一样，每4年举办一次。

其他重要足球赛事，还有亚洲杯、欧洲杯、美洲杯、非洲杯等，当然还有各种足球联赛。

从2008年在波兰举行的甲级联赛开始，就统一使用标准赛场，也就是宽68米、长105米的比赛场地。有的足球场设计得很精妙，新加坡有一个球场位于水面上，观众则在陆地上观看比赛。

尽管草坪看起来都是一样的，但为比赛场地准备高质量的草坪是一件具有难度的事情。草坪需要有专人负责，不同种类的草维护方式不同，洒水量也有很大的区别。

奶奶说，那些动作慢、踢球不灵活的球队喜欢干燥的草地，因为这样对手会觉得踢球很累。那些动作迅速，地面赛打得多的球队则喜欢湿润的草坪。

比赛时每队有11名队员（包括守门员）上场，场外还有替补队员。比赛的目的是尽可能多地进球，把球射入对方球门。但这可不是一件容易的事儿，因为要时刻注意规则，不能越位。球员总是试图迷惑对手越位，设置"越位陷阱"。

队长的胳膊上有袖标，守门员的衣服与其他队员的款式不同。

这是我们和对手球队在比赛前的合影

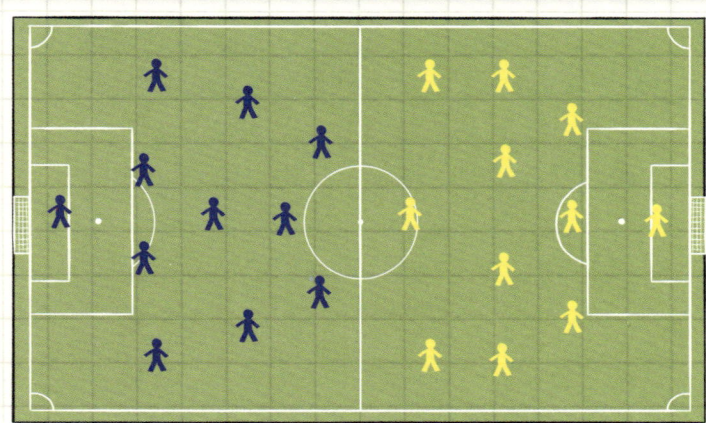

很多人不明白什么叫越位，我给大家解释一下，越位是指在传球的时候，接球人的位置比对方所有防守队员都更靠近球门。

足球队员可分为守门员、后卫、中场和前锋四大位置，这是教练根据每位队员的特点决定的。在比赛过程中，只有守门员可以用手触碰足球（仅在自己守卫的区域）。踢出边线的球，球员可以用手抛回。

在比赛时，运动员是不能脱掉上衣的，这有可能会被罚黄牌。但是比赛结束后，球员可以互换球衣做纪念。

*犯规是指球员违反比赛规则，如推人或揪对方球员的手或衣服等，犯规会受到惩罚。

在比赛期间，裁判主要负责监督运动员遵守规则。如果有人犯规*（如越位），可能被判罚黄牌或红牌。如果被判红牌将会被罚离场，黄牌仅作为警告（两张黄牌等同于红牌）。处罚可以是针对单个球员，也可以是整个球队。裁判可判罚任意球或罚点球。罚点球是在罚球区域以固定的距离点对点地射门。

红牌是非常严重的惩罚，一旦运动员被判红牌下场，是不允许替补队员上场的，这就意味着球队的力量被削弱了。情节严重者还会受到更重的惩罚，如不允许参加下一场或下两场比赛，甚至被禁赛半年。

钉鞋　护腿板　后卫球员

足球运动员在比赛时会穿特殊的防滑钉鞋，这可以避免在草皮上滑倒，为防止受伤他们还会穿戴防护装备。

1930年　1950年　1958年　1970年　1978年

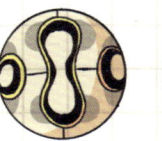

2002年　2006年　2010年　2014年　2018年

世界杯足球

现在使用的足球，大多是由32块小皮革缝制而成的，充气后变成球体。在世界杯和其他比赛中会规定球的尺寸，一般球的周长为68~70厘米，大约重0.5千克。

我的足球

篮球和橄榄球

除了足球,还有其他球类团体运动,如排球、篮球、橄榄球、手球、水球、冰球等。

篮球

篮球是美国教师詹姆斯·奈史密斯在19世纪末发明的,最初是为了让学生冬季时能更好地在室内进行锻炼。他们把足球扔到高高挂起的编织篮中,篮子的底部没有去掉,所以一旦进球还需要借助棍子把球从篮子中取出来。奈史密斯在足球的基础上创造了篮球,他还制定了篮球运动规则,其中一些至今仍然适用。

詹姆斯·奈史密斯和他发明的第一个篮球

这个球是我爸爸业余训练用的,现在我们用它练习投篮。

篮筐的高度是3.05米,专业篮球运动员对身高有一定的要求。世界顶级的联赛NBA(美国职业篮球联赛)的球员平均身高超过了2米。

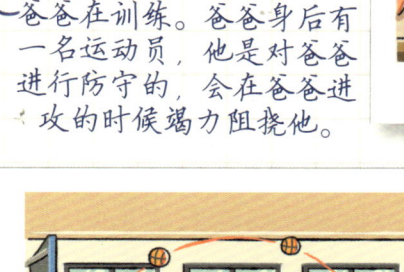
防守

爸爸在训练。爸爸身后有一名运动员,他是对爸爸进行防守的,会在爸爸进攻的时候竭力阻挠他。

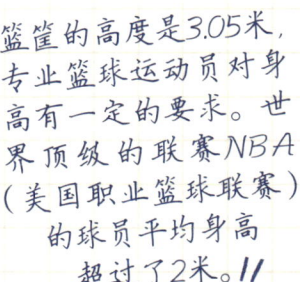
篮板球

马格西·博格斯(右边的这位)

然而身高并不是最重要的!在NBA效力多年的职业运动员马格西·博格斯身高只有159厘米,但他的敏捷、速度和反应能力让他的对手望尘莫及。

篮球比赛有严格的时间规定,有许多规定受时间的限定,如一名队员在球场上控球时,该队必须在24秒钟内完成投篮。因此,计时器是篮球比赛不可缺少的工具。

爸爸的朋友在投三分球

我的爸爸特别善于运球(拍着球移动)。如果运球遇到阻碍不能移动了,就要把球传给队内的其他人,持球不能超过5秒。

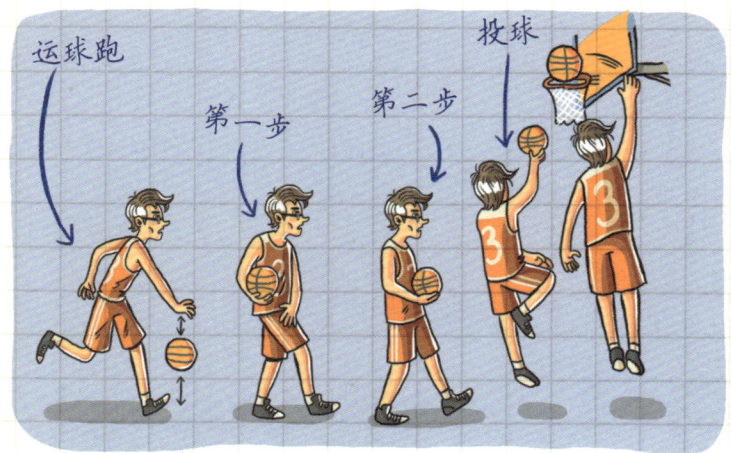
爸爸正在做两步式投篮。正是靠着这个动作,他们的球队获得了胜利。

爸爸正在做这组动作。

美式橄榄球

美式橄榄球是美国最流行的运动,在美国被称为football(足球被称为soccer)。美国最重要的年度赛事是"超级碗",也就是美式橄榄球联赛决赛。

橄榄球的场地是100码(计量单位,1码比1米略短),每支球队有11名运动员。比赛由4小节组成,每小节15分钟。

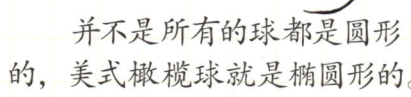

并不是所有的球都是圆形的,美式橄榄球就是椭圆形的。

红队端区

把球带到对手的端区就可以得分。

带防护栅格和护齿器的头盔。

球员穿着带有防护装备的服装。

运动员在进攻的时候可以分为主攻、快速奔跑的侧翼队员和负责守卫的队员。

橄榄球裁判,穿带条纹的衣服。

黄旗

当裁判发现球员"越矩",他就会抛出黄旗(一种内部包有重物的布)。进攻方犯规的处罚是球员退后数码的距离。

进攻时进攻方有4次机会,每一次都要尽力带球靠近对方端区,4次累计前进10码获得一次机会,否则攻守方就要互换。

达阵,是指带球球员触到端区地面的得分方式。

得分线

黄队端区

球门在赛场的两端,比赛双方各有一个球门。

这是中锋,比赛开始时球在他手上,他从两腿之间将球抛传给四分卫。

有效防控。爷爷说用这种办法可以防守住带球球员。

这是爷爷和队员们。因为衣服上的防护装备特别多,所以美式橄榄球的服装特别醒目。我真的很惊讶,他们穿着这么多的衣服竟然还能快速跑动。

小球运动

在小球运动中，有单打（一个人对一个人的比赛）、双打（两个人和两个人对打）和混合双打。在单打比赛中，男子和女子分开进行比赛；在双打比赛中，每一对选手必须是同一性别；在混合双打比赛中，是男女混合组对。

1. 网球

网球起源于法国。在13世纪，传教士中流行着一种用手掌击球的游戏，方法是在空地上拉一条绳子，两人隔着绳子用手掌击球打来打去，球是用布包裹毛发做成的。这种游戏逐渐传到上流社会，并受到宫廷人士的喜爱，它在14世纪中期传入英国，英国国王下令修建了一个室内网球场，从此网球在英国得到发展。

网球比赛由盘组成，每盘又分为若干局。在比赛中，运动员用拍子击球，使其穿过球网，进入对方场地，如果对手不能接起球，就得分。

历史上最长的比赛是2010年温布尔登网球公开赛，比赛持续了11小时5分钟。

命中

得分从首发球开始，每局比赛第一分在右区发球，另一名运动员接球，到第二局调换过来。在对打时，球员击球的方式也不同，基本的击球方式为正手和反手。

如果运动员的发球特别棒，以致对手没有接到球而直接得分，这被称为ace球。网球的发球速度可以达到每小时260千米。因此，在网球比赛中必须要有敏锐的反应能力，这需要运动员不懈地努力。

网

靠立柱的高度是1.07米，中心高度是0.91米。

网球场地

室外网球场长23.77米，宽8.23米（单打比赛）。球场的地面有四种材质：红土、草地、硬地和地毯。每种类型的球场适用的球不同，打出的球速也不同，因此打法也不一样。

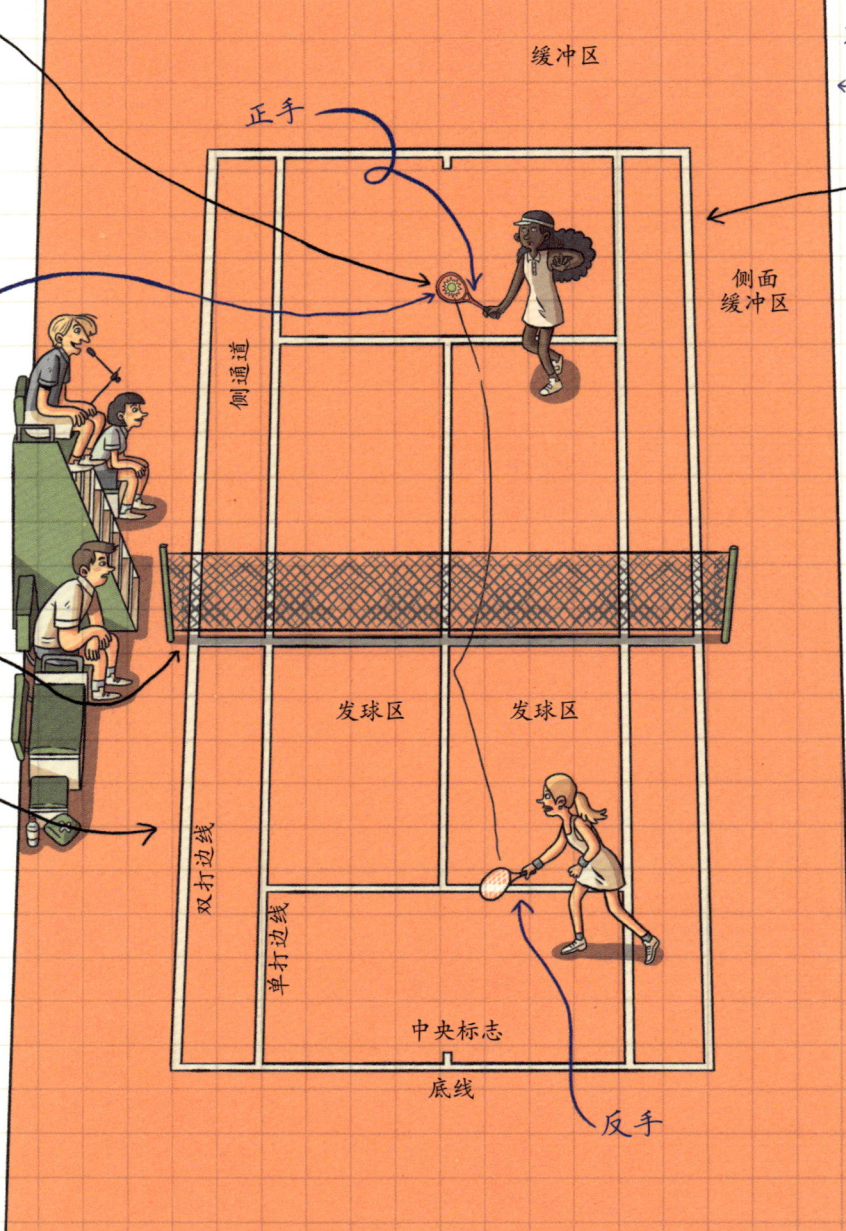

缓冲区　正手　侧面缓冲区　侧通道　发球区　发球区　双打边线　单打边线　中央标志　底线　反手

规则

每一局中得分就是赢球。每局第一分球记为15，第二分球为30，接下来为40。需要连续赢4个球，才算赢得1局比赛。如果两个运动员都赢了3局就是平局，需要继续进行比赛，直到其中一位球员连赢2球。比赛双方先胜6局者为胜一盘，当局数为6：6时，再打一局来决胜负，就是通常说的抢七决胜局，是特殊的附加局。

盘数是由比赛类型来决定的。通常是3盘，运动员赢得其中至少2盘为胜。

在大满贯，也就是网球运动顶级赛事（澳大利亚网球公开赛、法国网球公开赛、温布尔登网球锦标赛、美国网球公开赛）中的规则是不一样的，男子选手要进行5盘比赛，必须赢得其中的3盘。在中国，大满贯是一个术语，指在某个领域获得过所有顶级奖项。

网球的服装是不断变化的，球拍和球也是不断变化的。最开始的网球是木质的，质地硬，不少人因此受伤。现代网球材质更佳，具有缓冲力，黄色外观也改善了它的可视度。

奶奶说，虽然现在女子网球和男子网球具有同样的地位，但以前并非如此。曾经，女子网球比赛被当成笑话。长期以来，女子一直追求在比赛中男女平等。目前，在大满贯赛事中这已经成为现实。

1880年的女子网球服装　　1940年的女子网球服装　　当代的女子网球服装

2. 乒乓球

乒乓球起源于英国，是由网球爱好者从草地网球中汲取灵感而发明的。在19世纪，乒乓球是上流人士餐后的娱乐活动，因为乒乓球不需要太大的场地，可以在室内进行，因此很快流行起来。

姑父正在打乒乓球

我奶奶的球拍

曾经我们五个人一起打乒乓球，所有的人都围着桌子不停地变换位置，真有趣！

如果想赢得比赛，就要得到11分。

乒乓球桌
它是长方形的桌子，通常会被涂上绿色、蓝色或红色的漆。球桌长2.74米，宽1.53米，高0.76米。

球网
球网的高度是15.25厘米。

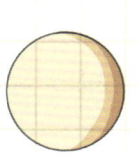

为了让球更显眼，球员的衣服被设计成深色的。

乒乓球
球很轻，里面充满了加压的气体。

球拍
球拍的两面贴有橡胶贴面。在国际大赛中，贴面必须一面是红色的，一面是黑色的。

奶奶说，有一种球拍是用特殊的胶做贴面的，带有助力，是一种特殊的设计。

打乒乓球时，球员需要在球桌周围快速移动，比赛时必须集中注意力。

3. 羽毛球

19世纪中期，在印度流行一种类似羽毛球运动的游戏，这个游戏又传到了英国。1873年，英国的鲍菲特公爵在他的庄园伯明顿宴请宾客时，开展了羽毛球运动，此后这项运动逐渐流行。伯明顿庄园成为羽毛球运动的发源地，被称为羽毛球庄园。

在羽毛球庄园的大厅里举办过公开赛，这里的场地长13.4米，宽6.1米，它是现代羽毛球场地的雏形。

羽毛球是世界性的体育项目，关于它的起源有多种说法。有人认为，羽毛球与中国古代的板羽球游戏有关。也有学者考证，认为羽毛球最早出现在14—15世纪时的日本。

规则
每局比赛的分值都是21分，要赢得比赛，至少要打赢两局。比赛分为单打、双打和混双。羽毛球比赛在室内举行，但是作为休闲娱乐活动也可以在花园、公园和沙滩上进行。

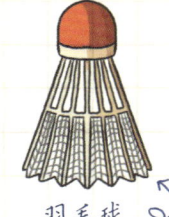

羽毛球

假期里，我和卡洛外出时总是带着羽毛球，这样我们可以在闲暇时间一起玩。

与运动相关的职业

运动员

运动员是从事体育运动的人。运动员不仅要有天赋,还必须勤奋努力。他在教练的监督下进行训练,按照营养师的建议健康进餐,从儿童时期就要开始训练。比赛竞争非常激烈,运动员需要有很强的心理素质,如能够接受挑战和失败。他们的大部分时间都是在运动场地度过的。

运动医生

他可以诊断运动引起的各种损伤和疾病,还可以评估进行某项运动是否安全。他是支持运动员团队的重要成员,会在训练和比赛中陪伴运动员。运动医学是一门独立的医学专业,但运动医生可以与其他专家合作诊疗,如与营养师或物理治疗师合作。

裁判

裁判是根据比赛规则并遵守公平竞赛的原则,在体育比赛中负责维持赛场秩序的人。他裁定评分,拥有判罚权。他必须公平公正,专业敬业,具有正义精神。对于一些运动项目,比如球类运动,裁判需要在球场上奔跑,要有良好的体力。

教练

比赛时,他的任务是让运动员以最佳状态备赛、参赛。平时,他制定训练计划和策略,带领运动员进行训练。他还能发现运动员的问题并帮着找到解决的方法。教练通常是退役的职业运动员,也有专业的体育老师。

运动心理医生

他的日常工作是帮助运动员做心理疏导。他可以帮助运动员寻找自身优势,克服弱点,应对压力,提升目标等。有时候心理素质决定成败,因此,为运动员做心理建设非常重要。心理医生和运动医生一样,都要在比赛中陪伴运动员。

体育解说员

他的工作是直播体育赛事。他必须熟悉每项运动的规则,了解运动员。他需要用富有激情的语言感染观众,用高昂的情绪带动听众。现场直播无法提前做准备,所以会出现一些有趣的小插曲,比如描述运动的动作:他让巴克到了左边。

球员的名字。

著名的运动员

伊琳娜·谢文斯卡（1946—2018）

她是波兰田径史上著名的运动员，也是有史以来优秀的女运动员之一。她曾获得过7枚奥运会奖牌，其中3枚是金牌；她在欧洲锦标赛上获得过10枚奖牌，其中5枚是金牌。她小时候酷爱阅读和戏剧，14岁才开始训练，她的运动强项是短跑和跳远。在采访中，她说她开始参加比赛时会怯场，但这却激励她不断挑战自我，努力向前。

塞雷娜·威廉姆斯（1981—）

美国女子职业网球运动员，她是世界优秀的网球运动员之一。她赢得过20多个大满贯单打比赛，总的获胜次数更多。她从小就和姐姐维纳斯（著名运动员）一起训练。她们的父亲是她们的教练，他梦想着女儿们能取得巨大的成就，并为她们规划了未来。她的童年是在训练和比赛中度过的，父亲一直鼓励她坚信自己的力量，要对自己充满信心。

迈克尔·乔丹（1963—）

世界公认的最具影响力的美国篮球运动员。他在NBA打了15个赛季，率领芝加哥公牛队赢得了6次联赛冠军。他是一名出色的防守球员。开始，没有人预料到他的运动员生涯会如此辉煌。在小学时期，他更喜欢棒球；高中时，他因为太矮而不被篮球教练看好。他还具有表演天赋，曾出演过多部电影和综艺节目，还在《空中大灌篮》中本色出演。

蓓比·札哈里亚斯（1911—1956）

美国运动史上的传奇人物，擅长多项运动，包括田径、游泳、棒球、网球、篮球。她曾在田径项目中获得奥运奖牌，而作为一名高尔夫球员她取得了更大的成就——不但赢得了80多场比赛（包括14连冠），还与其他高尔夫球手一起创立了第一个女子职业高尔夫协会，协会运作至今。

伊日·耶热克（1974—）

捷克运动员。他从小喜欢踢球，梦想成为一名足球运动员，不幸的是在他11岁时，在一次事故中失去了右腿。但他没有气馁，安上假肢继续参加运动。他在20岁时开始骑行训练，几年后成为世界优秀的残疾自行车运动员。他曾6次获得残奥会金牌，还与健全的专业车手一起比赛。虽然他已经退役了，但每天仍然进行体育运动。

利昂内尔·梅西（1987—）

阿根廷足球运动员，因在西班牙巴塞罗那足球俱乐部担任前锋时表现极佳而闻名。他荣获了无数奖项，包括7次金球奖（截至2021年，史上最多）。梅西从小喜欢足球，他从5岁开始在俱乐部训练。在他11岁时被诊断为生长激素缺乏症，他的家庭承担不起医疗费用，经过沟通巴塞罗那俱乐部愿意支付一部分治疗费用，因此梅西开始为俱乐部踢球。与生俱来的天赋和勤奋努力使他成了伟大的球员。

图书在版编目（CIP）数据

运动是如何发展的 /（波）乔安娜·康恰克，（波）卡塔日娜·皮茨卡著；（波）尼考拉·库哈尔斯卡绘；俞佳译. —北京：中国轻工业出版社，2024.7

ISBN 978-7-5184-4150-1

Ⅰ.①运… Ⅱ.①乔… ②卡… ③尼… ④俞… Ⅲ.①人体运动—少儿读物 Ⅳ.①G804.62-49

中国版本图书馆CIP数据核字（2022）第182641号

版权声明：
Published in its Original Edition with the title
Jak to działa? Sport
copyright for text and illutrations by Wydawnictwo "Nasza Księgarnia", 2021
Illustrations by Nikola Kucharska
Text by Joanna Kończak and Katarzyna Piętka
This edition arranged by Himmer Winco
© for the Chinese edition: CHINA LIGHT INDUSTRY PRESS LTD

本书中文简体字版由北京永固翼码 Himmer Winco 文化传媒有限公司独家授予中国轻工业出版社有限公司

责任编辑：熊　隽
策划编辑：熊　隽　　责任终审：劳国强　　封面设计：董　雪
版式设计：锋尚设计　　责任校对：朱燕春　　责任监印：张京华

出版发行：中国轻工业出版社（北京鲁谷东街5号，邮编：100040）
印　　刷：北京博海升彩色印刷有限公司
经　　销：各地新华书店
版　　次：2024年7月第1版第2次印刷
开　　本：787×1092　1/8　印张：5
字　　数：150千字
书　　号：ISBN 978-7-5184-4150-1　定价：79.00元
邮购电话：010-85119873
发行电话：010-85119832　010-85119912
网　　址：http://www.chlip.com.cn
Email：club@chlip.com.cn
版权所有　侵权必究
如发现图书残缺请与我社邮购联系调换
241039E1C102ZYQ